TRIBUNAL DE PREMIÈRE INSTANCE

DE VENDOME

OBSÈQUES

DE

M. LE PRÉSIDENT DE SAINT-VINCENT

14 Mars 1878

†

14 MARS 1878

Jeudi matin ont eu lieu, en l'église de la Trinité, les obsèques de M. de Saint-Vincent, président du Tribunal de Vendôme, décédé lundi soir, à la suite d'une longue et cruelle maladie.

A neuf heures, MM. les membres du Tribunal et du Parquet, MM. les juges de paix des cantons de l'arrondissement, et MM. les avoués, tous revêtus de leurs robes, arrivaient à la maison mortuaire. Le cortége s'est mis aussitôt en marche, précédé d'un nombreux clergé, et s'est rendu à l'église de la Trinité, par les rues Ferme, Saint-Lubin, Poterie et la rue du Tribunal. Le cercueil disparaissait sous deux immenses couronnes de fleurs, déposées sur les insignes de M. le président de Saint-Vincent. Les cordons étaient tenus par M. le général Charlemagne, M. Pluchart, sous-préfet de l'arrondissement, M. da Costa-Athias, procureur de la République, et M. de Trémault, maire de Vendôme. Derrière la famille, venaient MM. les membres du Tribunal, M. le colonel Alleaume, MM. les notaires de l'arrondissement et les chefs de service des différentes administrations. Une foule nombreuse et attristée suivait, témoignant hautement des regrets unanimes que laisse au milieu de nous M. de Saint-Vincent.

Après la messe, célébrée avec la plus grande pompe par M. le curé de la Trinité, assisté du clergé tout entier de la ville, l'absoute a été donnée ; puis le cortége s'est dirigé vers le parvis de l'église, où un char mortuaire attendait, pour transporter à Blois les restes de notre regretté président.

M. le Sous-Préfet de Vendôme et M. da Costa-Athias, procureur de la République, ont voulu, au nom de la ville et au nom du Tribunal, adresser un suprême adieu à M. de Saint-Vincent.

M. le Sous-Préfet s'est exprimé en ces termes :

« Messieurs,

« C'est avec une profonde émotion et l'âme remplie de tristesse, que je viens adresser quelques paroles d'adieu et rendre un dernier hommage à la mémoire de l'honorable Président qui vient de nous être si malheureusement et si prématurément enlevé.

« Qui de vous, Messieurs, n'a pu apprécier les grandes qualités, la droiture, le savoir, l'aménité et l'extrême bonté qui constituaient le fond du caractère de M. Dubois de Saint-Vincent ?

« Lorsque la fatale nouvelle se mit à circuler de bouche en bouche, à travers la ville, et que chacun s'abordait par ces tristes paroles : « Notre Président n'est plus ! » l'émotion et la surprise, jointes aux regrets les plus sincères, étaient peintes sur tous les visages.

« En effet, Messieurs, M. le Président de Saint-Vincent avait su conquérir tous les cœurs à Vendôme ; il s'était acquis toutes les sympathies ; et les sentiments que les personnes qui avaient eu le bonheur et l'avantage d'être en relations avec lui professaient pour son caractère, étaient plus que des sentiments d'estime : c'était des sentiments d'affection.

« M. le Président de Saint-Vincent joignait à une science profonde, des goûts artistiques et littéraires qui faisaient de lui un homme distingué dans toute l'acception du terme.

« Laborieux, courageux et dévoué, regretté de tous, n'est-ce pas là, Messieurs, les plus beaux titres de gloire auxquels on puisse prétendre ici-bas ?

« Ces titres, Messieurs, M. le Président de Saint-Vincent les possédait tous.

« Les vifs regrets qu'il laissera, parmi tous ceux qui l'ont connu, dans la population de la ville et de l'arrondissement de Vendôme, seront la juste récompense d'une carrière dignement remplie, toute de courage, d'abnégation, d'énergie et de dévouement à ses semblables.

« Fidèle interprète des sentiments de chacun, je viens déposer sur la tombe du digne Président, que nous pleurons, l'hommage du profond respect que son caractère imposait et commandait.

« Au nom de la ville et de l'arrondissement de Vendôme, je lui adresse un dernier adieu. Puissent tous nos sentiments de regrets apporter quelque adoucissement à la peine de ceux qui lui étaient chers et qui restent pour le pleurer ! »

M. da Costa-Athias a prononcé ensuite le discours suivant :

« Messieurs,

« J'étais loin de penser lorsque, il y a peu de mois, nouveau venu dans cette compagnie, j'y recevais de M. le Président de Saint-Vincent le plus bienveillant des accueils, que j'aurais le triste honneur de lui adresser, en votre nom et au mien, les suprêmes adieux. La mort a de ces surprises cruelles !... Hier encore, Messieurs, le magistrat à qui nous rendons les derniers honneurs, entouré des plus chères tendresses, soutenu par sa noble et vaillante compagne, encouragé par l'affection déférente de ses amis, luttait avec une virile énergie contre un mal implacable et des souffrances que le temps n'avait pas su calmer. Hier encore, il était des nôtres. Esclave du devoir, si profondément altérée que fût sa santé, et quelque peine qu'il éprouvât à venir à nos audiences, il s'arrachait de son lit, et, plus fort que la douleur, « montrant qu'une âme » chrétienne « est maîtresse du corps qu'elle anime, » il se maintenait sur son siége et consacrait aux devoirs de sa charge les rares moments de répit que la maladie lui laissait. Pourquoi ne le dirais-je pas ? Il y eut dans cette lutte héroïque un instant de lassitude et comme un pressentiment mystérieux de la fin qui approchait. Mais ce ne fut qu'un instant ; et tout aussitôt, rappelé à lui-même, se rattachant à nous de toute la puissance de sa ferme volonté, il se ressouvint que les magistrats, eux aussi, avaient leur champ d'honneur, et que c'était là qu'il fallait mourir.

« Comment il y a tenu sa place, Messieurs, ai-je

besoin de vous le rappeler ? Enfant de ce ressort d'Orléans, où les mœurs et les traditions judiciaires sont si fortes, M. le Président de Saint-Vincent y a passé tout le temps de sa trop brève carrière. Entré fort jeune dans la magistrature en qualité de substitut à Chinon, ses aptitudes pour l'audience et la distinction de sa parole le faisaient rapidement arriver au parquet de Blois, puis à celui d'Orléans. Procureur Impérial à Pithiviers, il apportait dans les délicates fonctions du ministère public, avec le tact le plus fin, une fermeté douce et bienveillante, une prudente sagesse, et ces ménagements ingénieux qui, sans affaiblir la justice, tempèrent ce que l'application nécessaire de la loi peut souvent avoir d'un peu rude. C'est que M. de Saint-Vincent était un magistrat de race. Précédé dans la carrière par un père, dont nous saluons l'immense douleur, et qui, après avoir porté notre robe, et s'être rappelé, aux jours difficiles, les fières maximes de nos grands ancêtres, est devenu l'honneur du barreau de Blois, M. le Président de Saint-Vincent trouvait le chemin tout frayé. Il y marcha ; et bientôt sa connaissance des affaires et sa science du droit le désignaient pour la Présidence, qui lui échut naturellement. Mais, peu de temps après, atteint d'un mal profond, et espérant retrouver ici, avec la santé, des forces qui lui échappaient, il prenait la direction du Tribunal de Vendôme, de ce Tribunal qui lui adresse aujourd'hui ses derniers hommages, et pour qui la mort de son chef est une tristesse et un deuil que le temps lui-même ne saurait effacer.

« Vous dirai-je la pénétration de son esprit, la sûreté de son jugement, l'exquise urbanité de ses manières, et ce charme indéfinissable qui tout d'abord attirait vers lui, et cette délicatesse native de sentiments et de pensées qui le faisait aimer dès qu'on l'avait connu ? Ce sont là des choses précieuses, qui se sentent mieux qu'elles ne s'expriment, et dont le souvenir vous est trop présent pour que j'aie à le raviver. Et ce souvenir lui-même n'ajoute-t-il pas à l'amertume de nos regrets ?... Non, Messieurs ; c'est ici que les âmes s'élèvent et que l'horizon s'élargit. M. le Président de Saint-Vincent n'est pas mort tout entier : l'honneur qu'il a jeté sur la compagnie, les grandes leçons qu'il nous a données par sa résignation sereine et son invincible courage, font partie de notre patrimoine ; nous les recueillons pieusement, et, inclinés sur sa dépouille vénérée, nous demandons humblement au Souverain Maître, au Souverain Juge, de le recevoir dans le sein même de la Vérité et de la Justice ! »

Prononcées d'une voix ferme et émue tout à la fois, ces éloquentes paroles répondaient d'une façon parfaite aux sentiments de profonde sympathie et de regrets qui animaient chacune des personnes présentes à cette douloureuse cérémonie.

A deux heures, un service mortuaire a été célébré à Blois, en l'église Saint-Louis, au milieu d'un concours empressé d'amis et de fidèles.

(Extrait du Journal *le Loir*.)

Vendôme. Typ. Lemercier et fils.

www.ingramcontent.com/pod-product-compliance
Lightning Source LLC
Chambersburg PA
CBHW061626040426
42450CB00010B/2686